La Vie Est MEILLEURE AVEC DES Papillons

LIVRE DE COLORIAGE ADULTES PAPILLONS EDITION

Coloring Bandit

Publié par Speedy Publishing Canada Limited

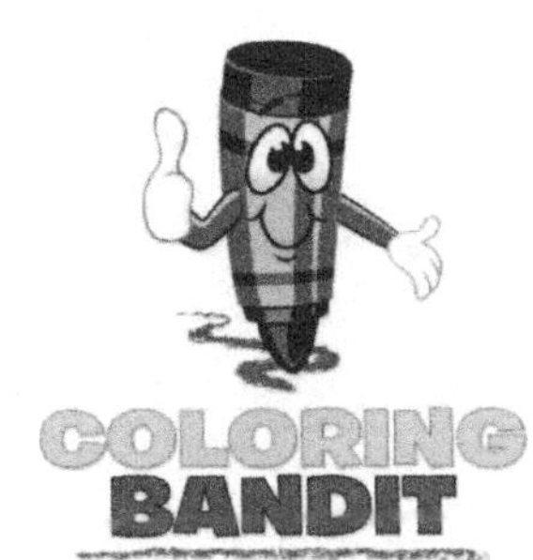

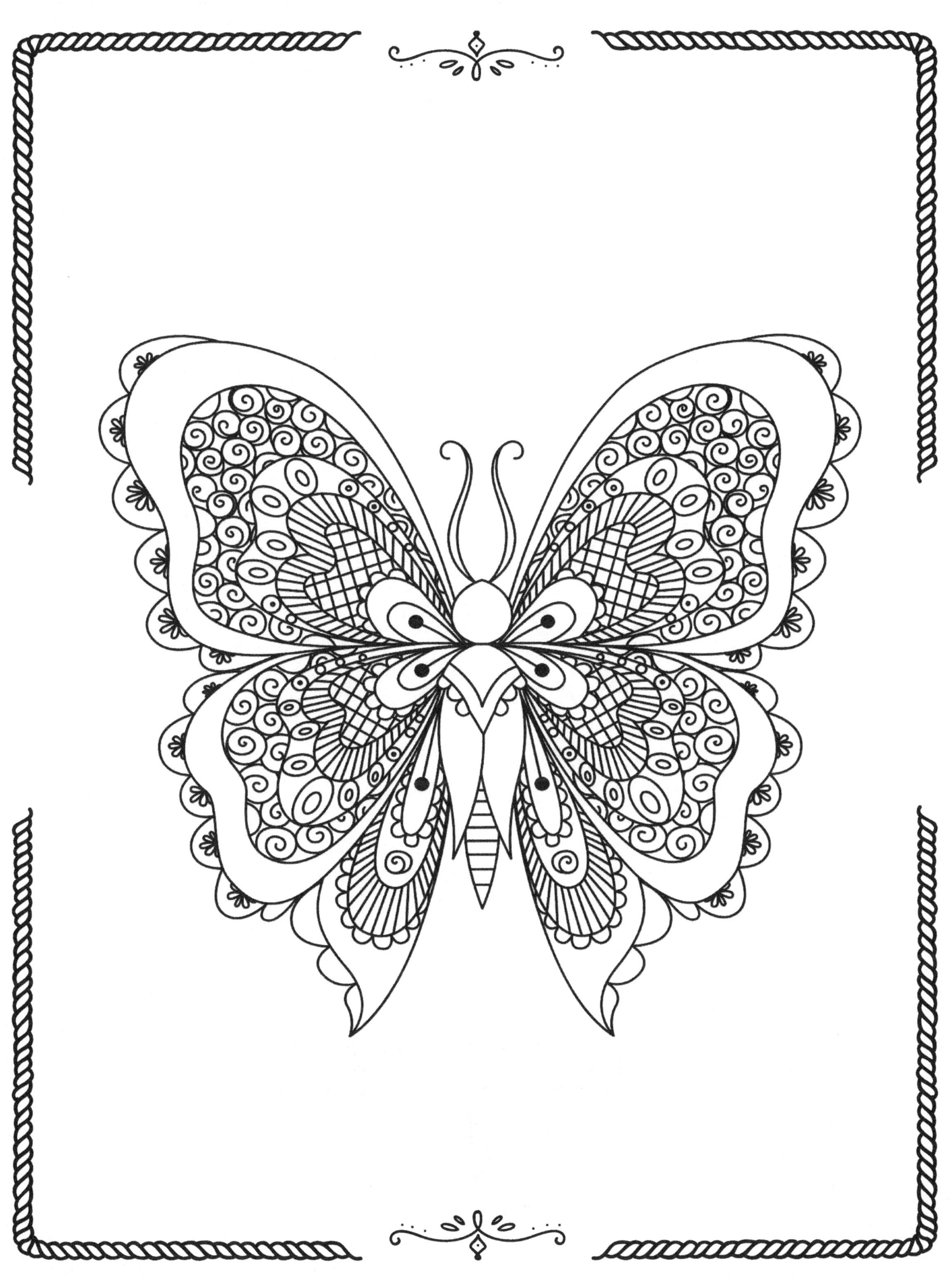

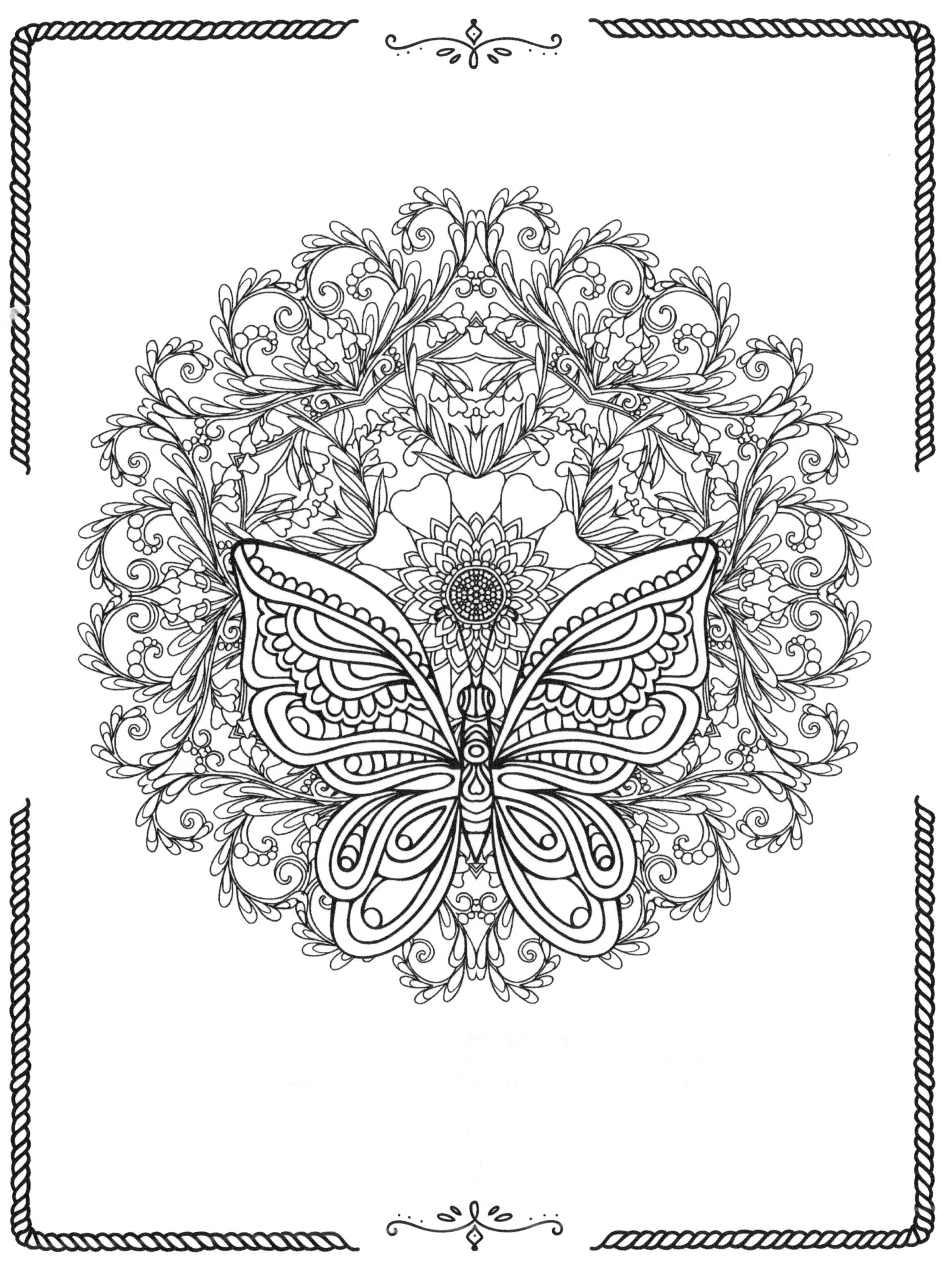

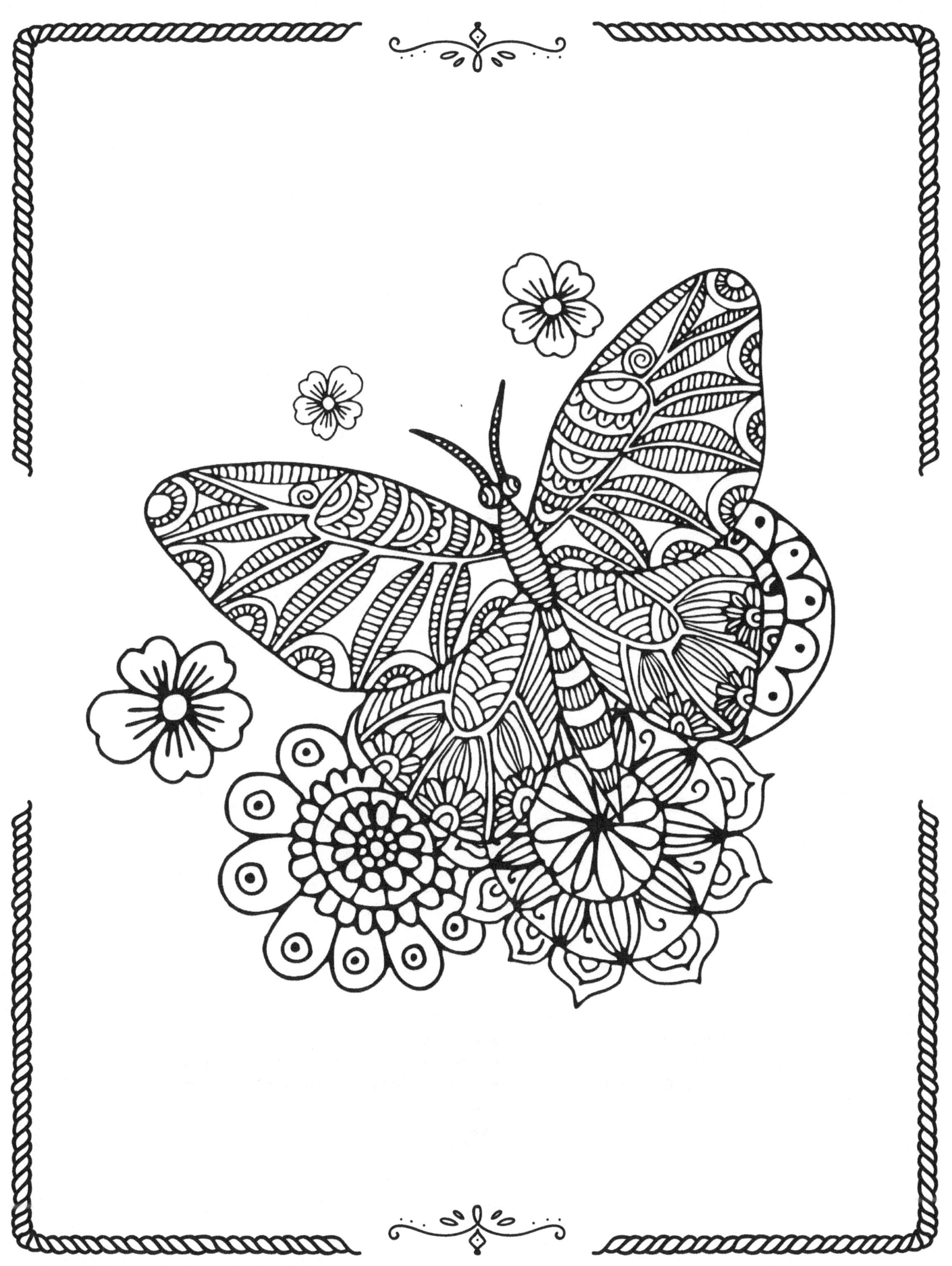

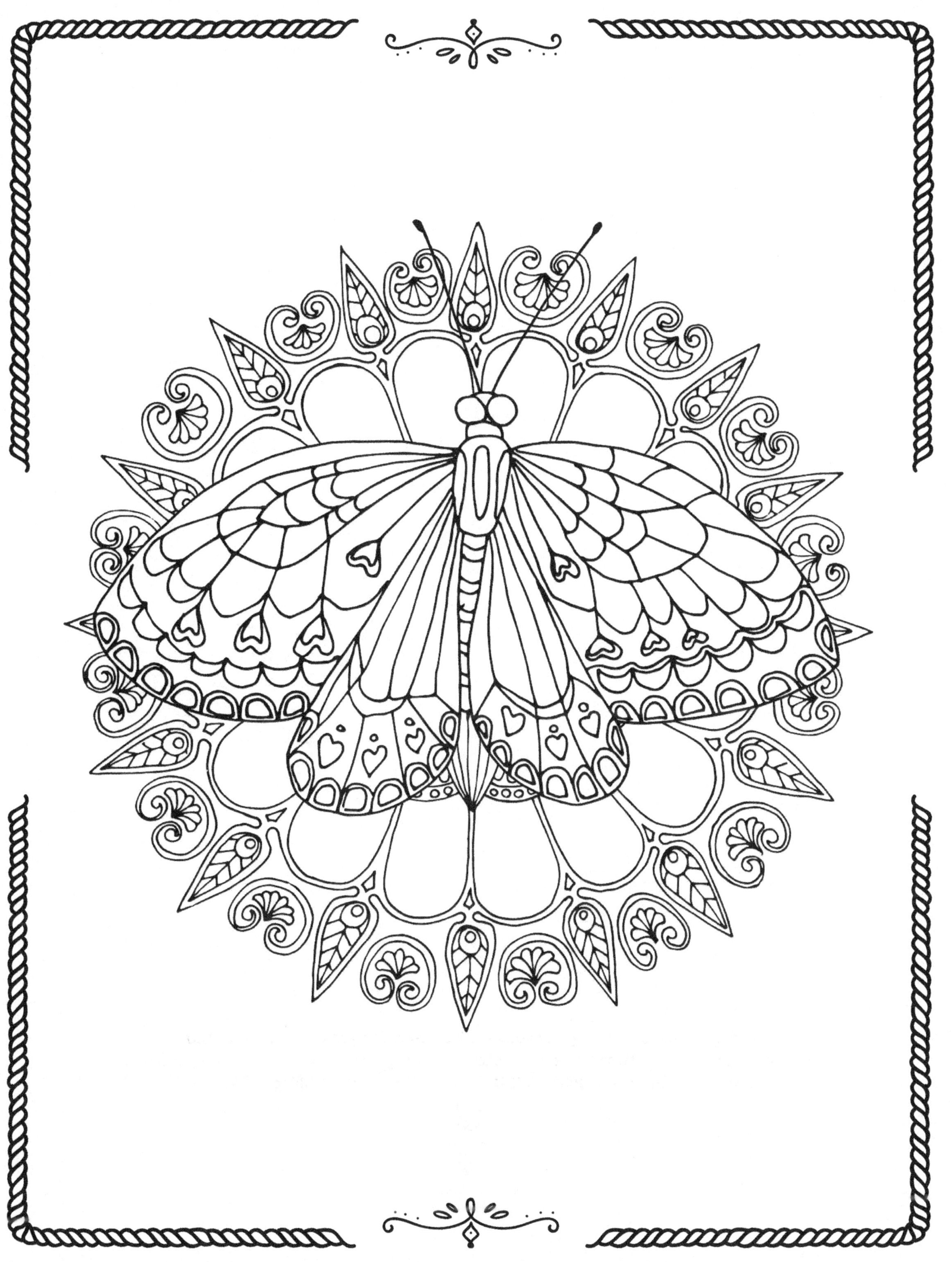

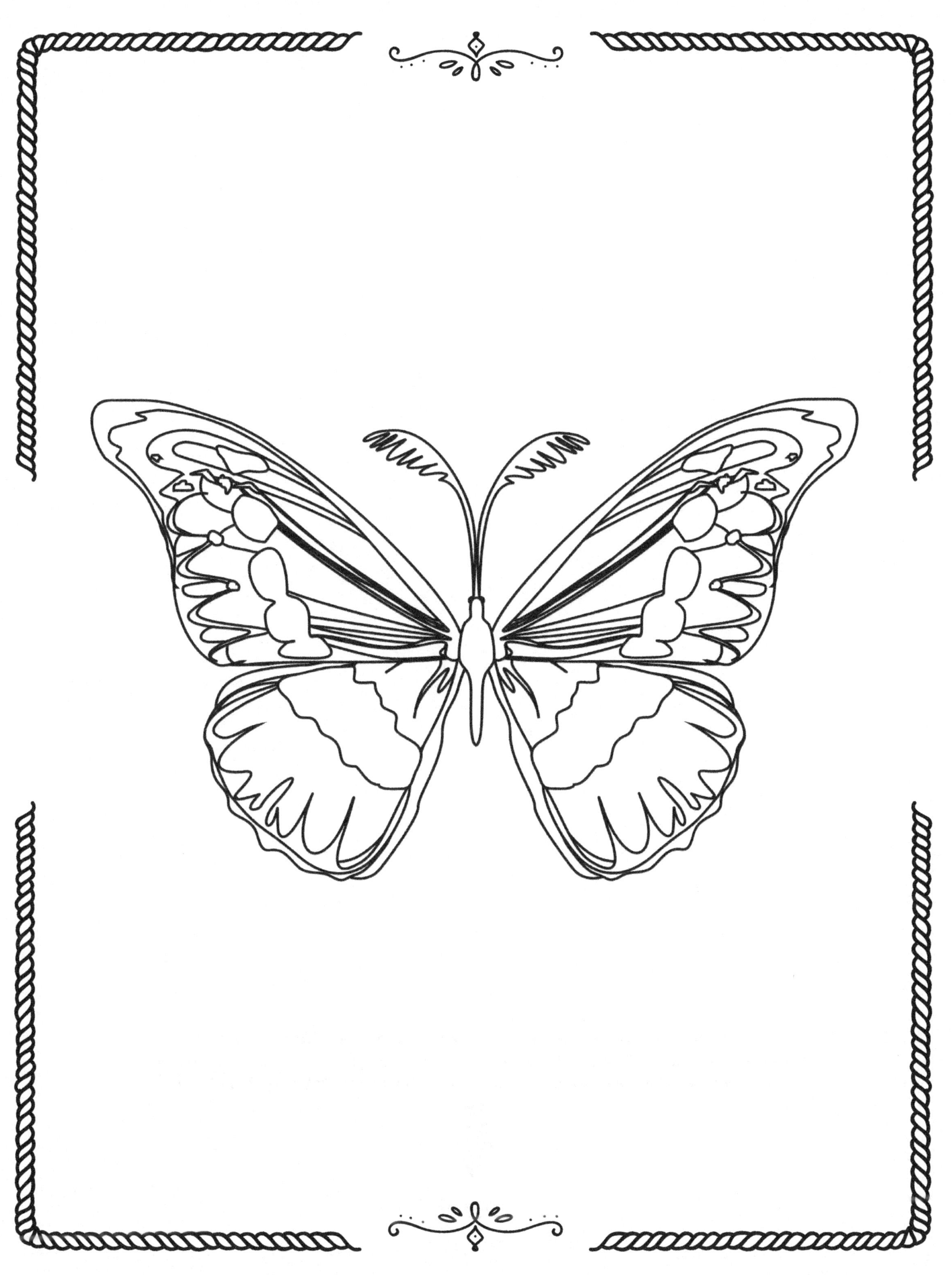

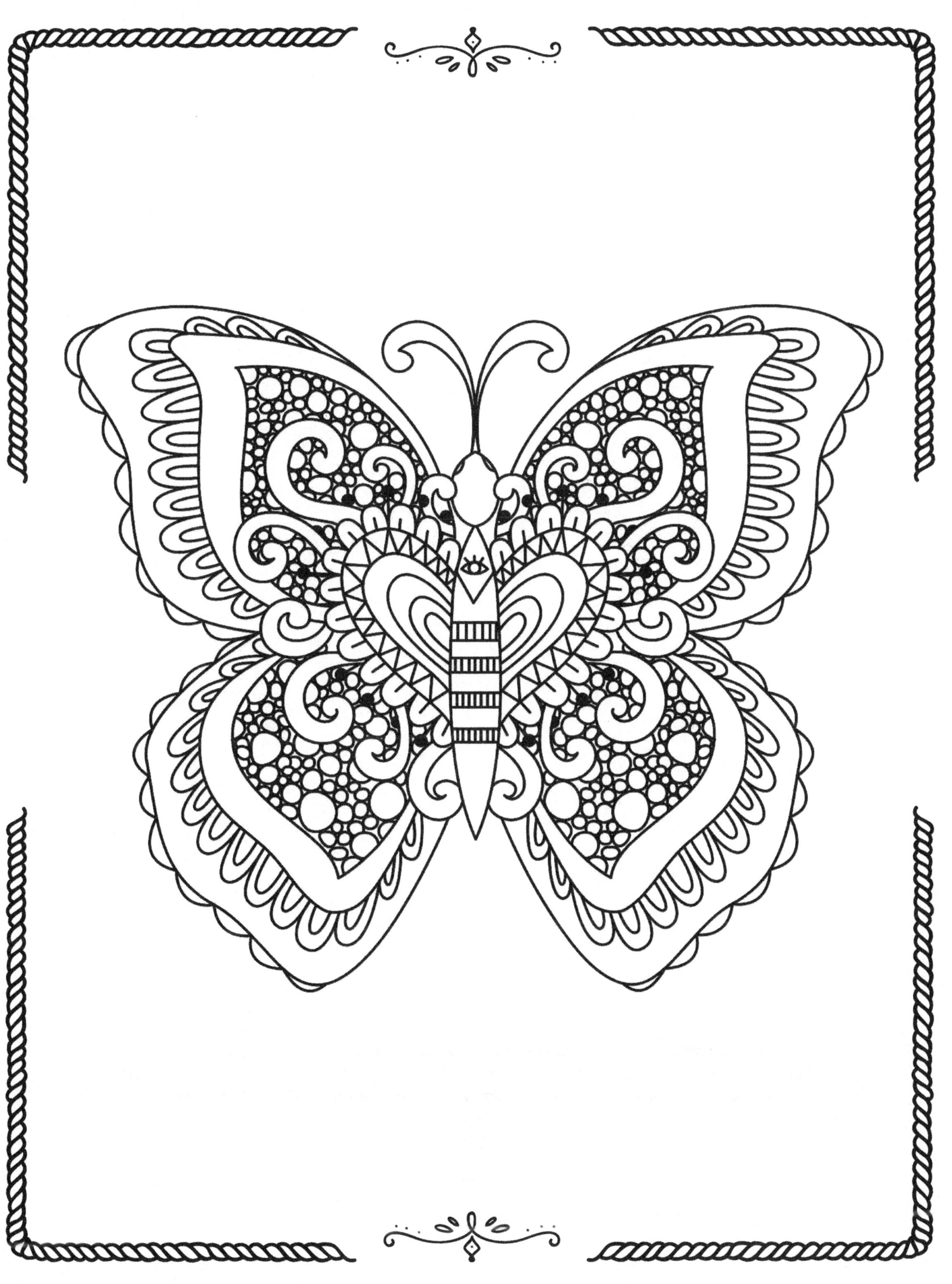

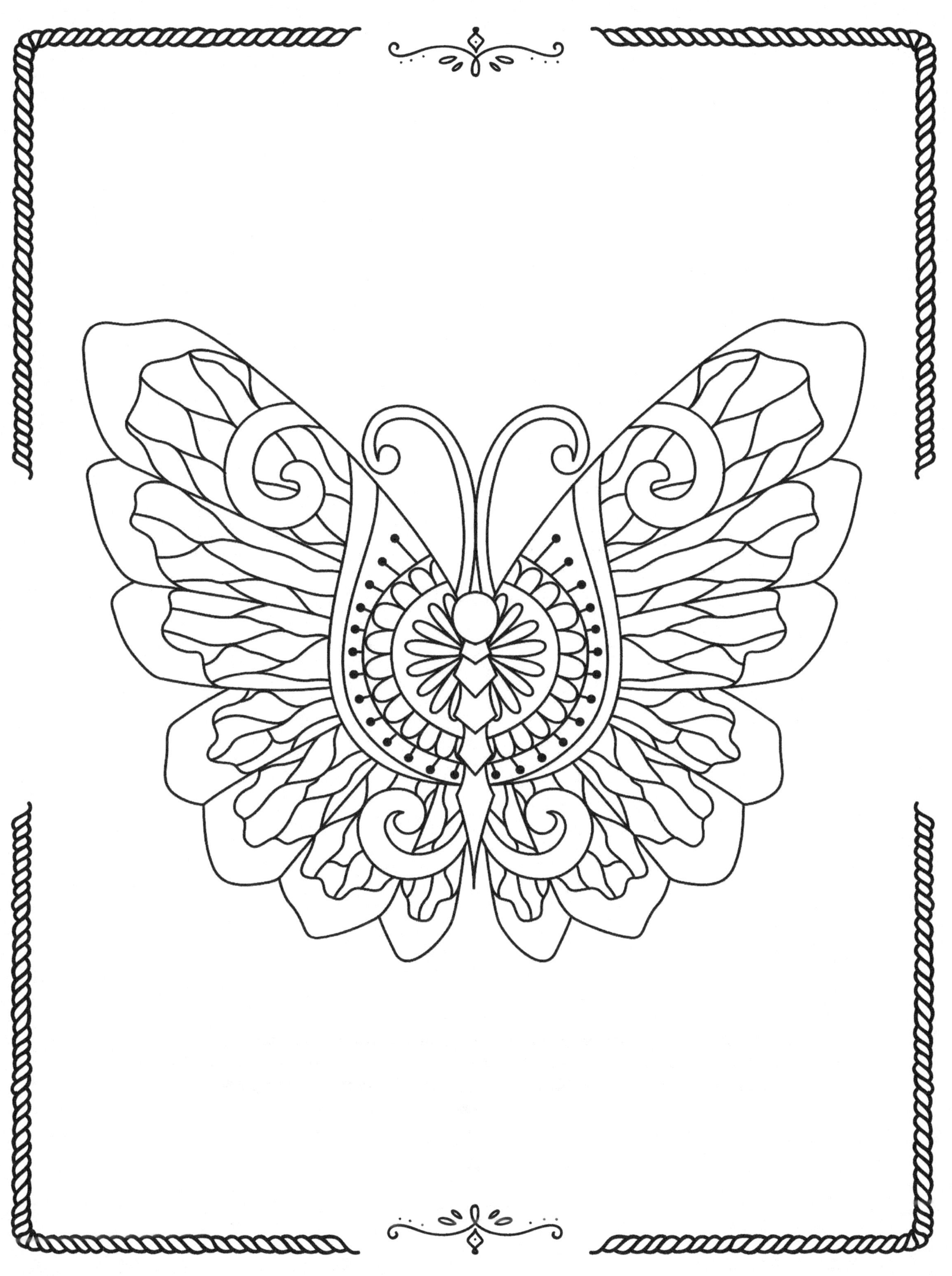

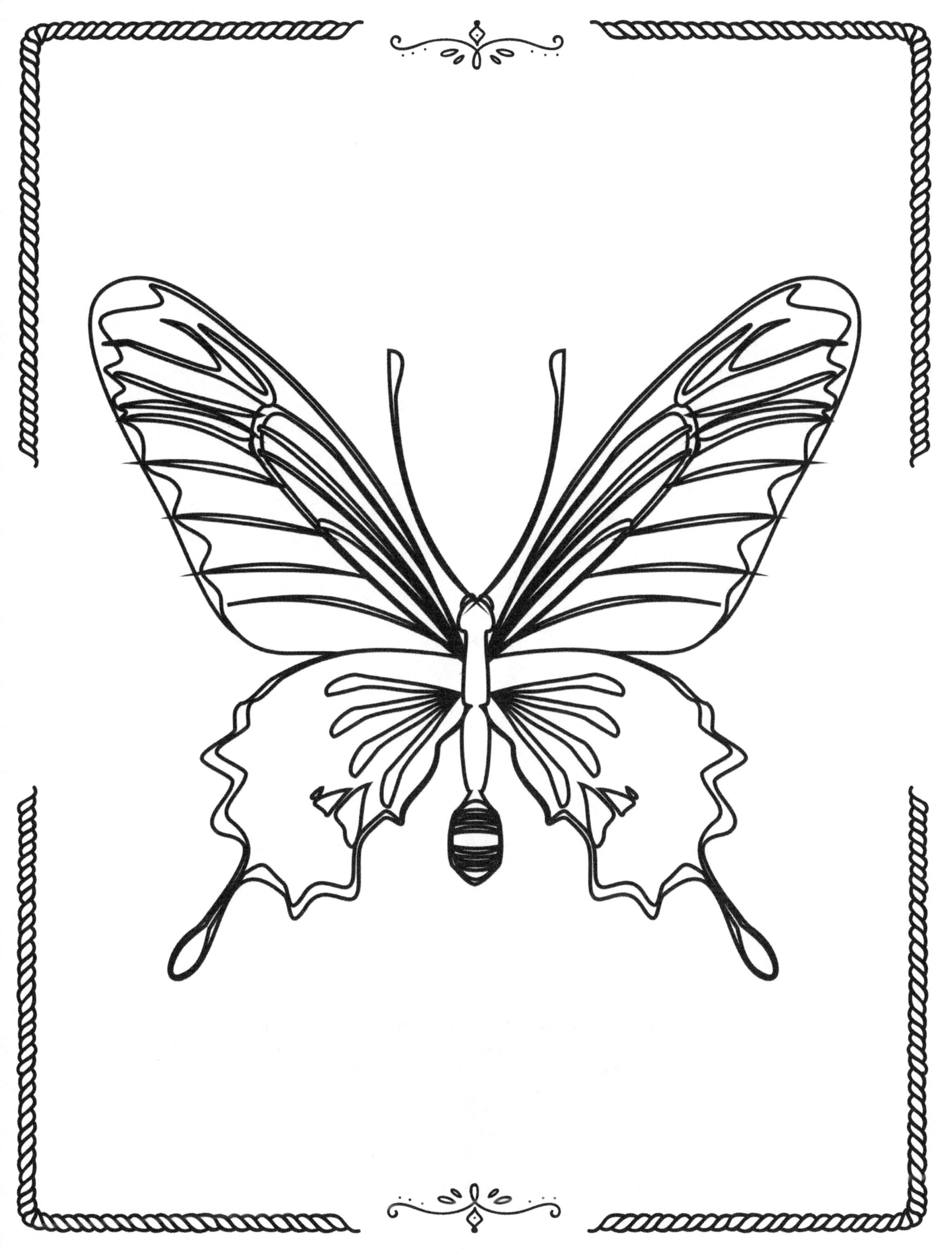

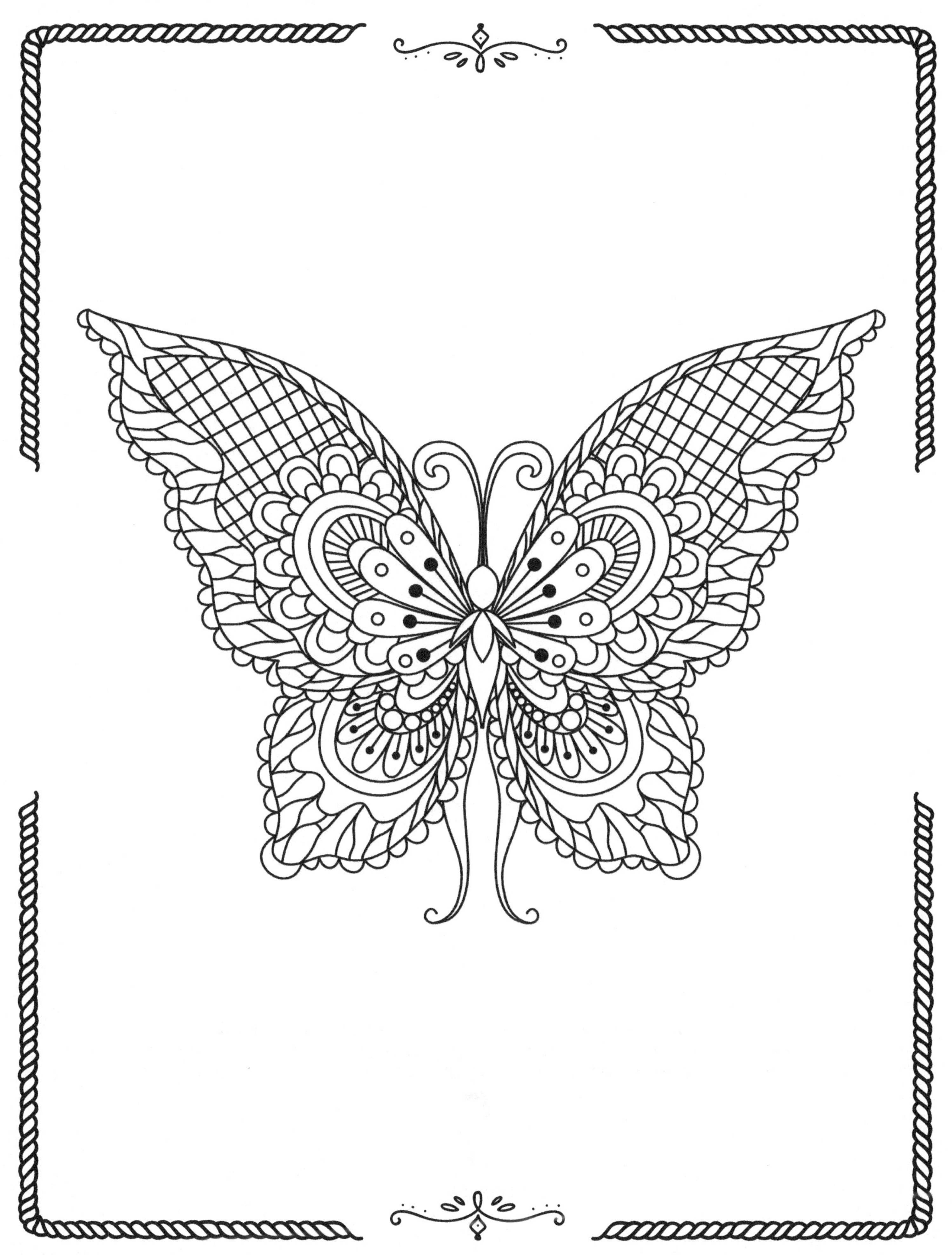

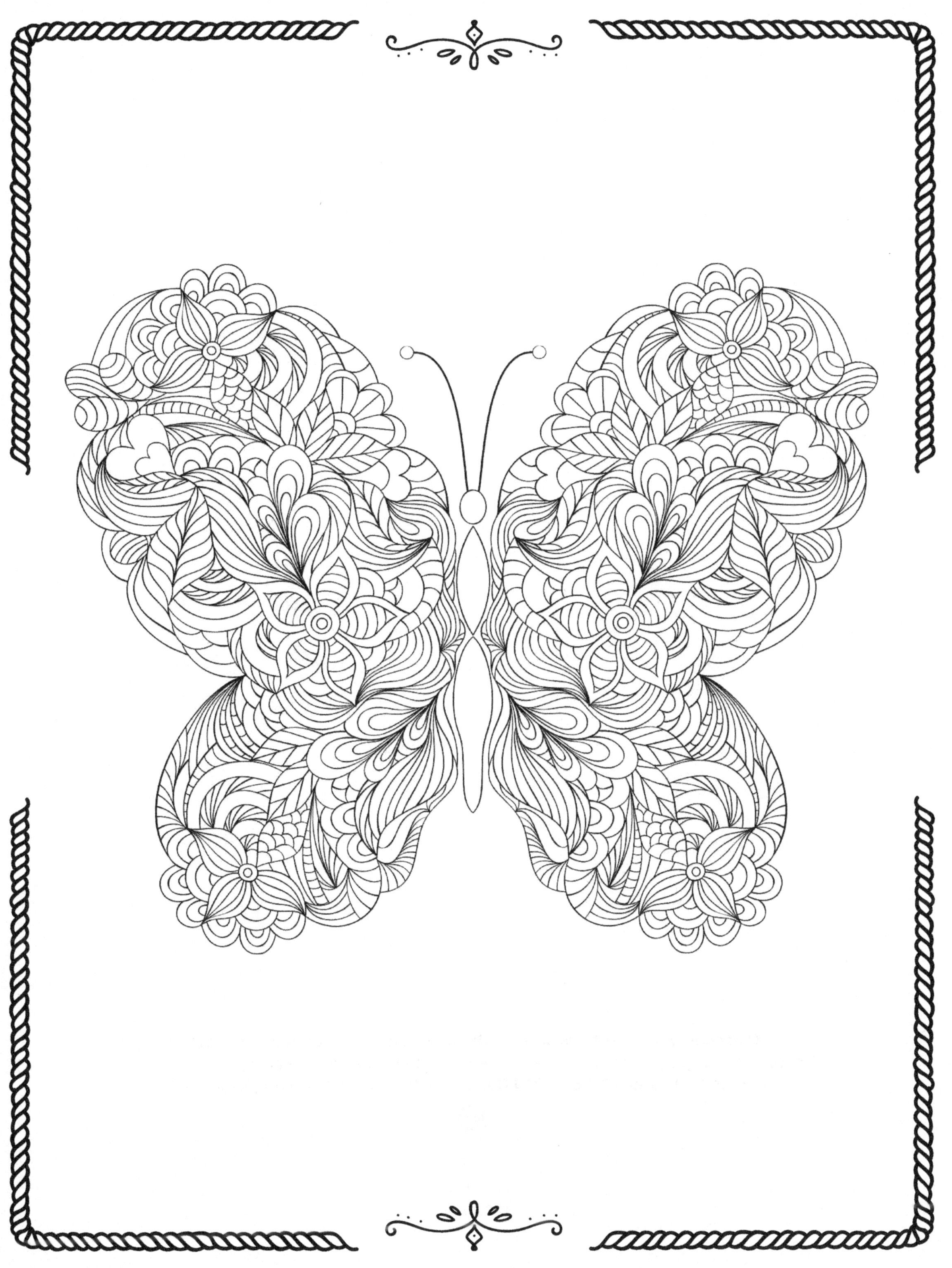

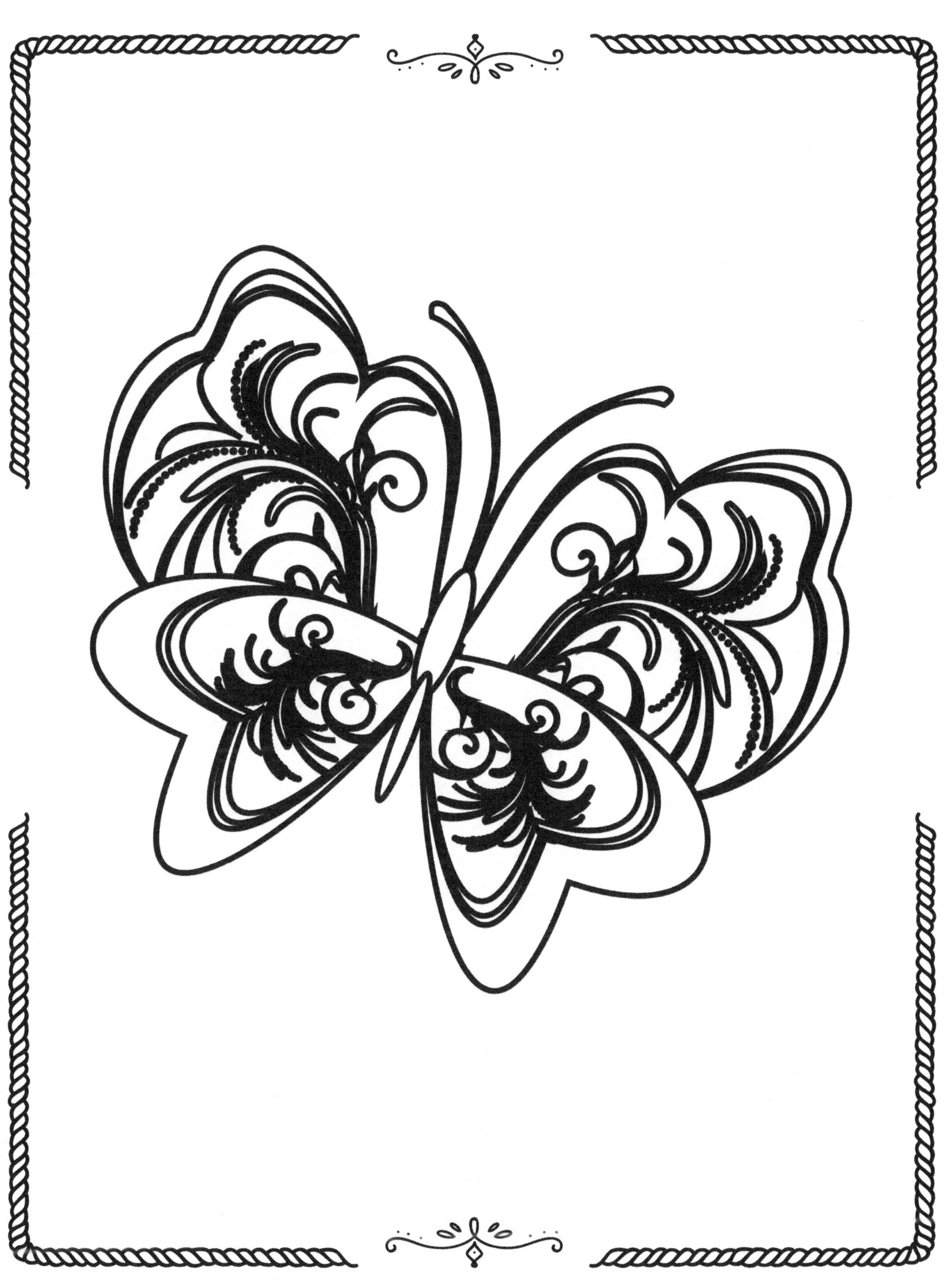

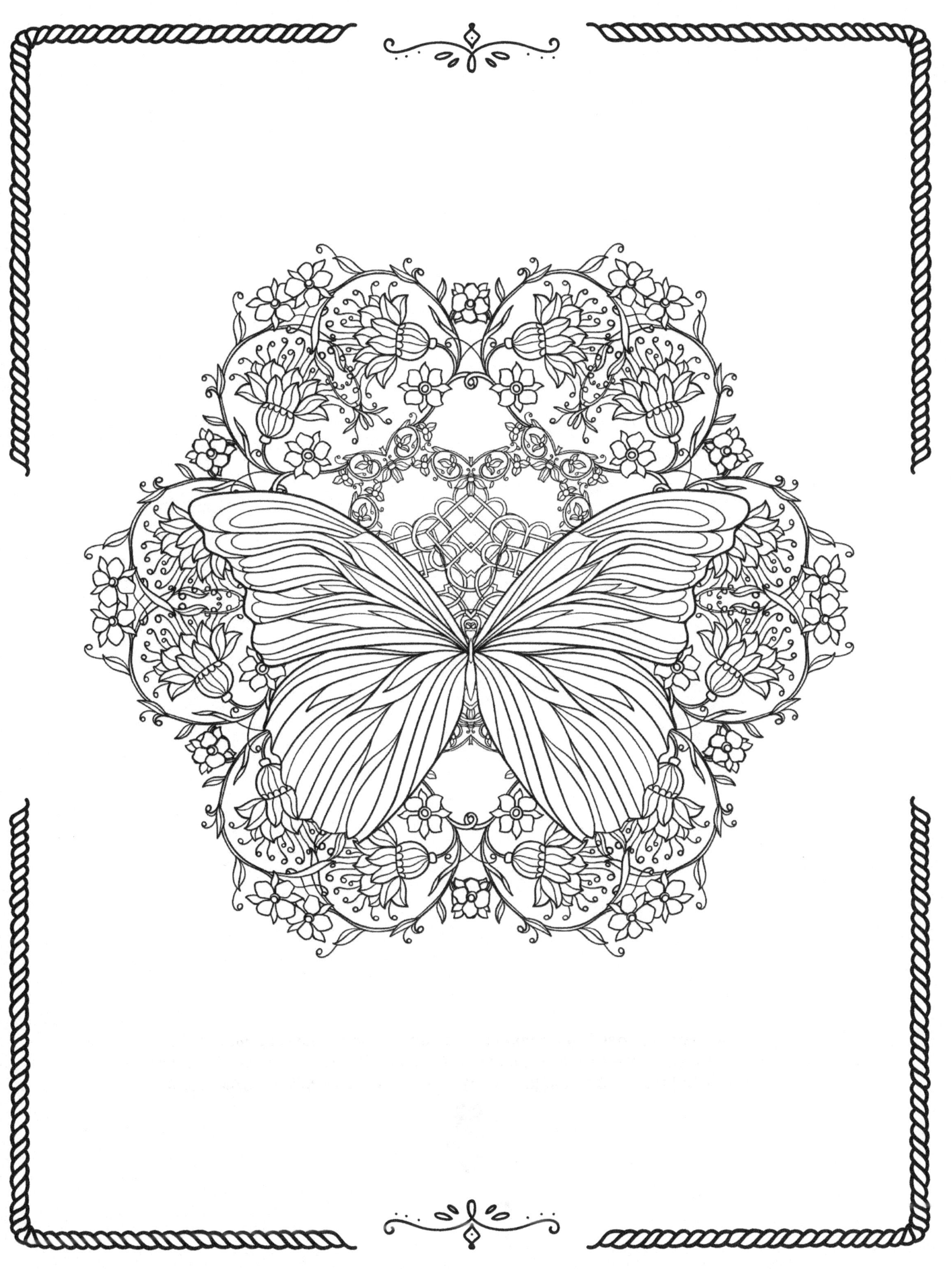

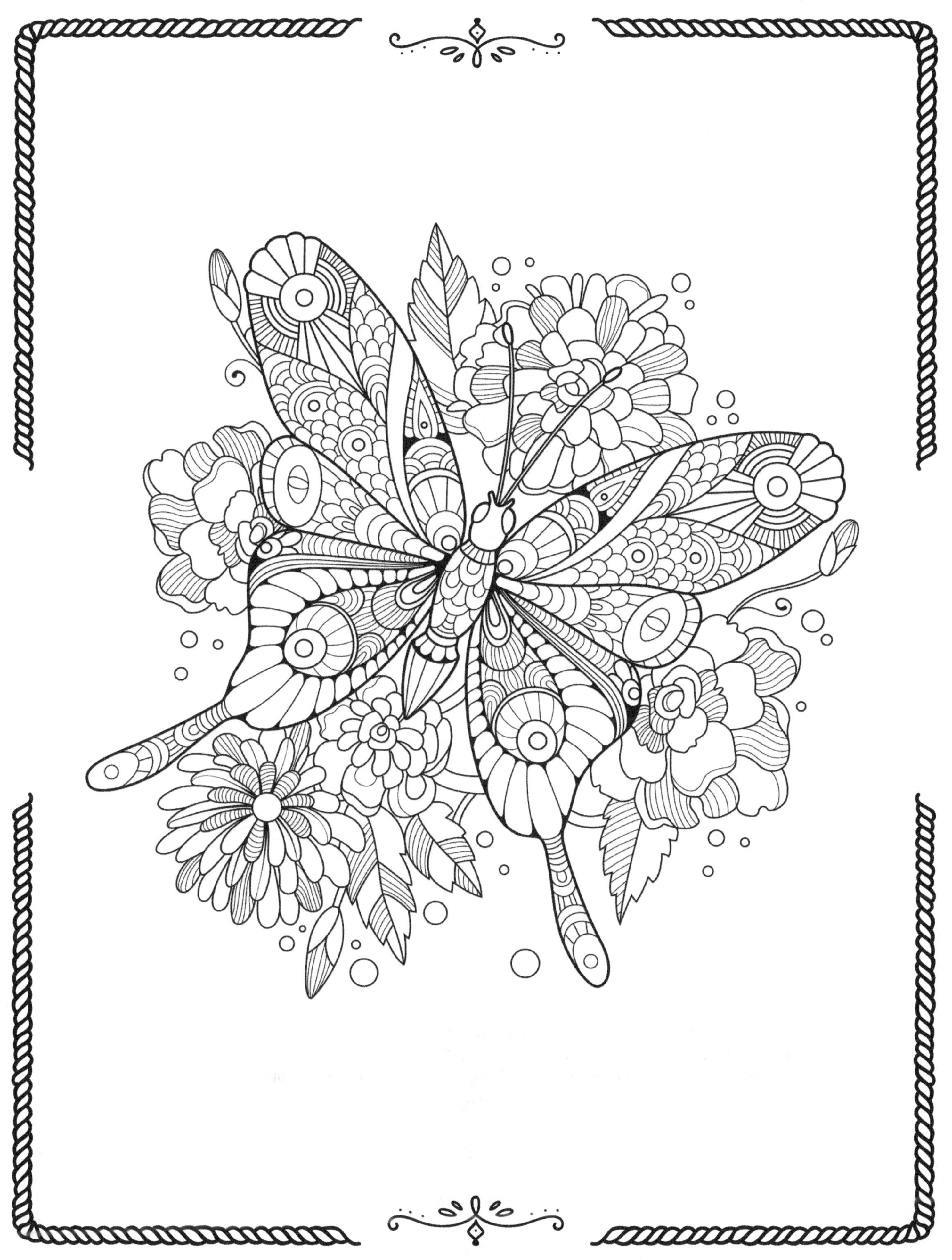

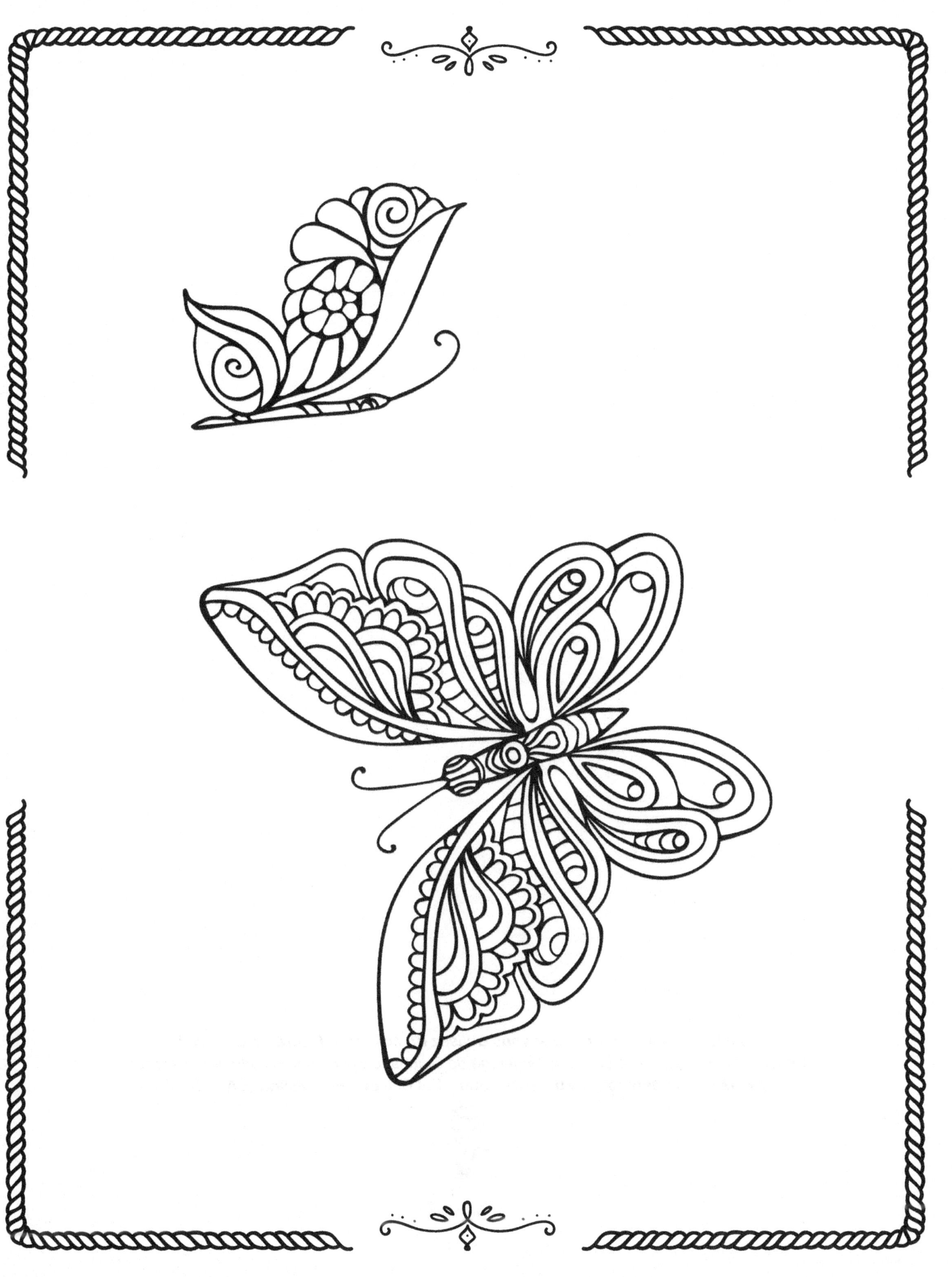

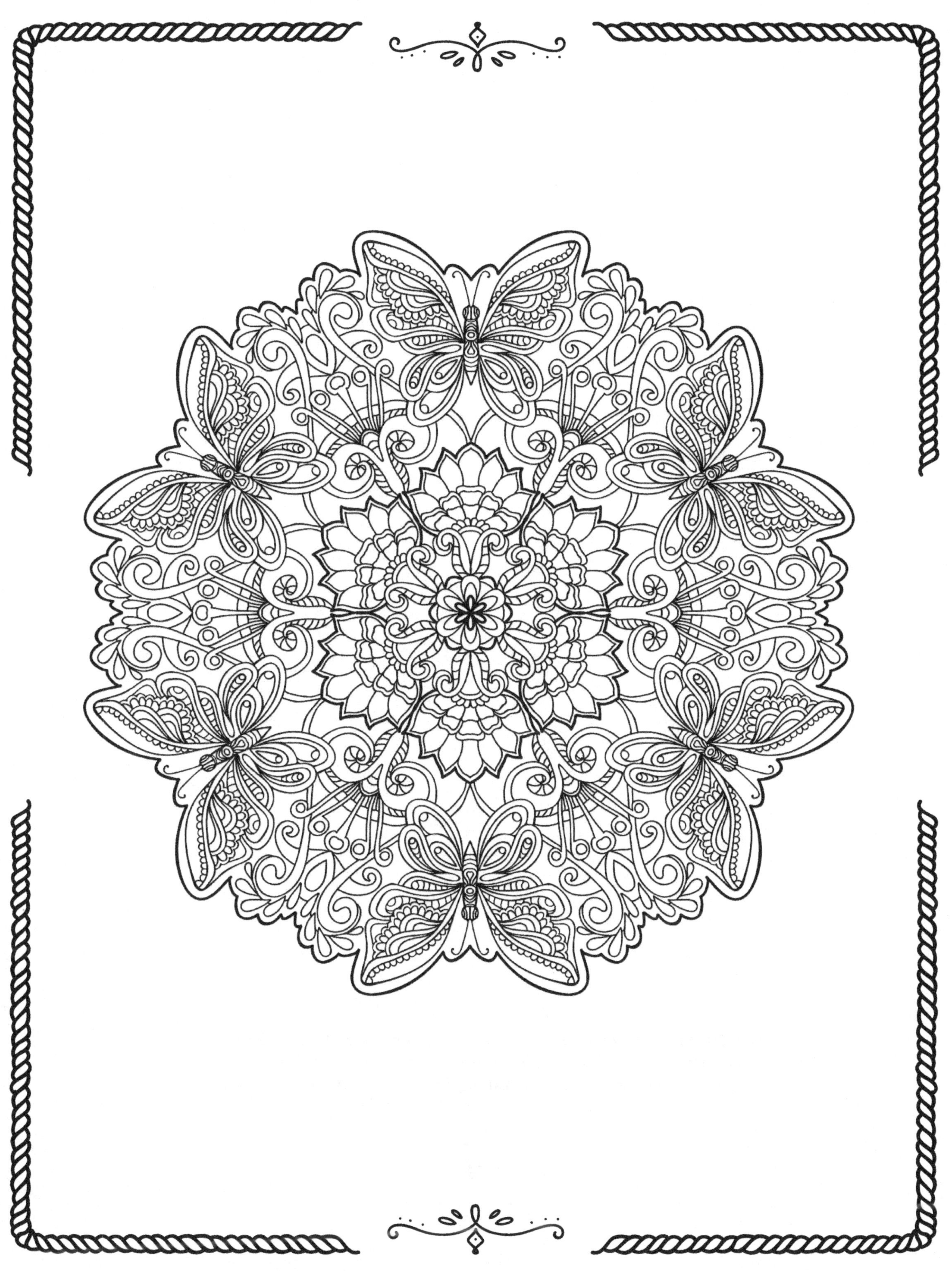

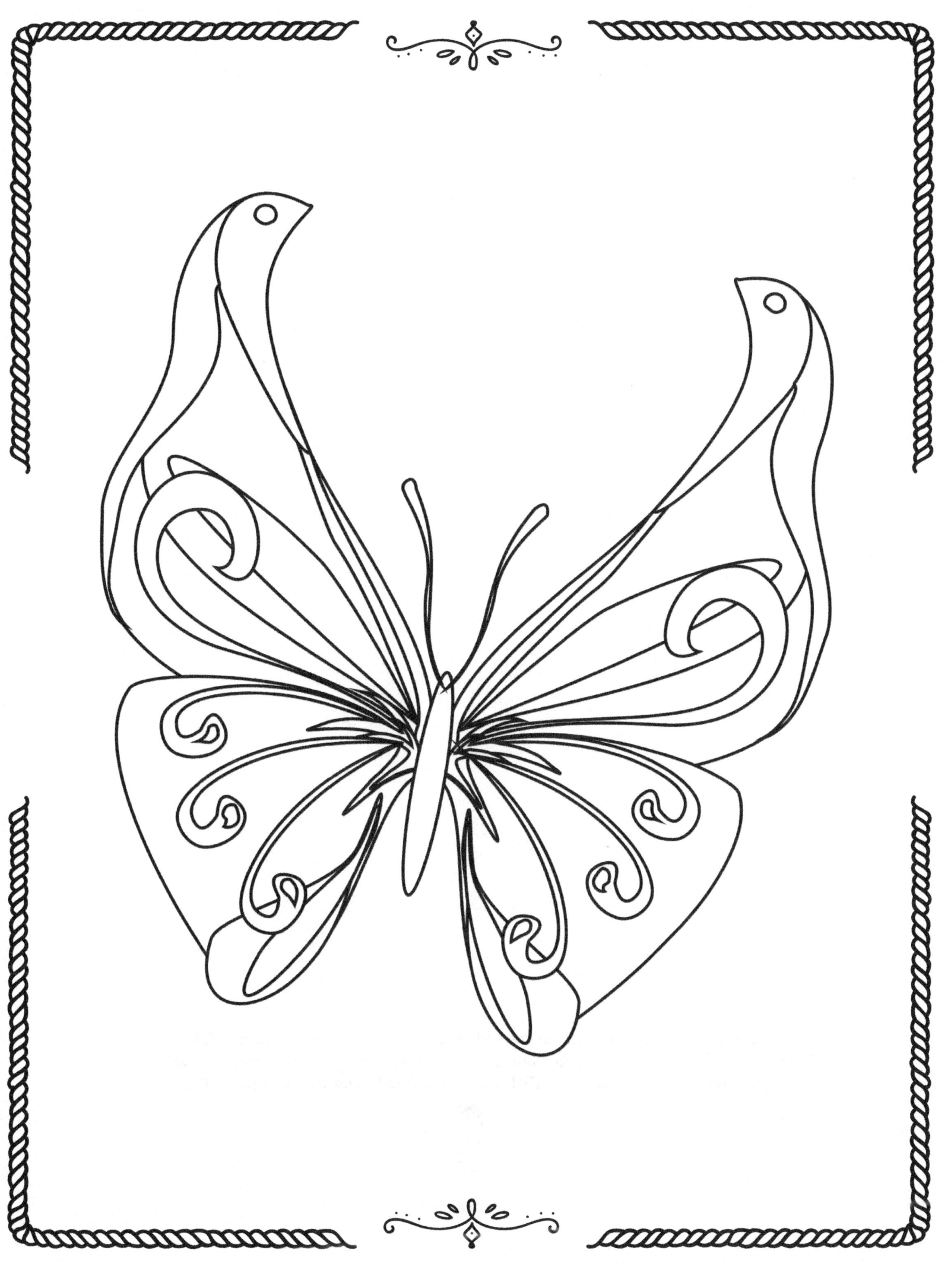

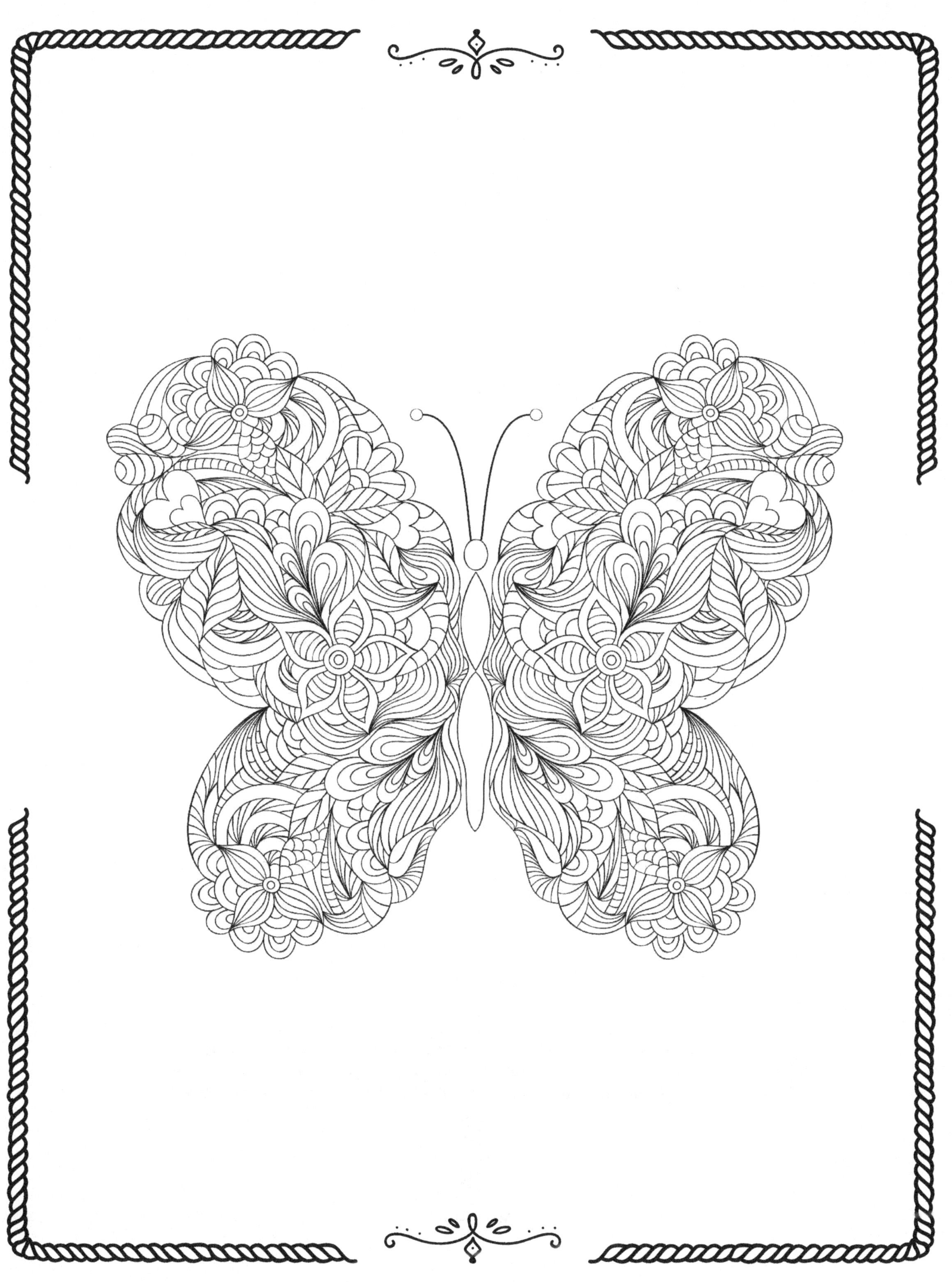

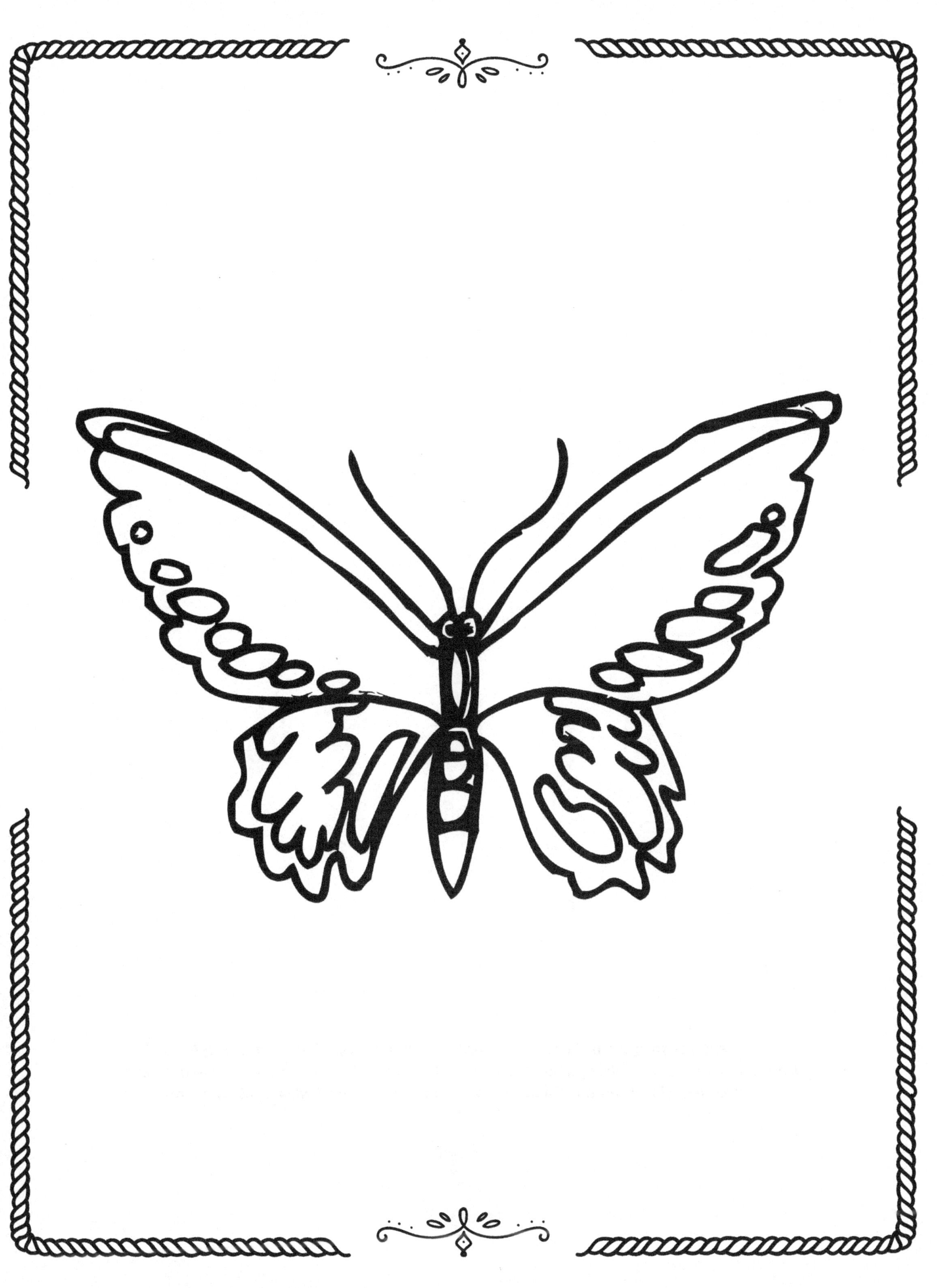

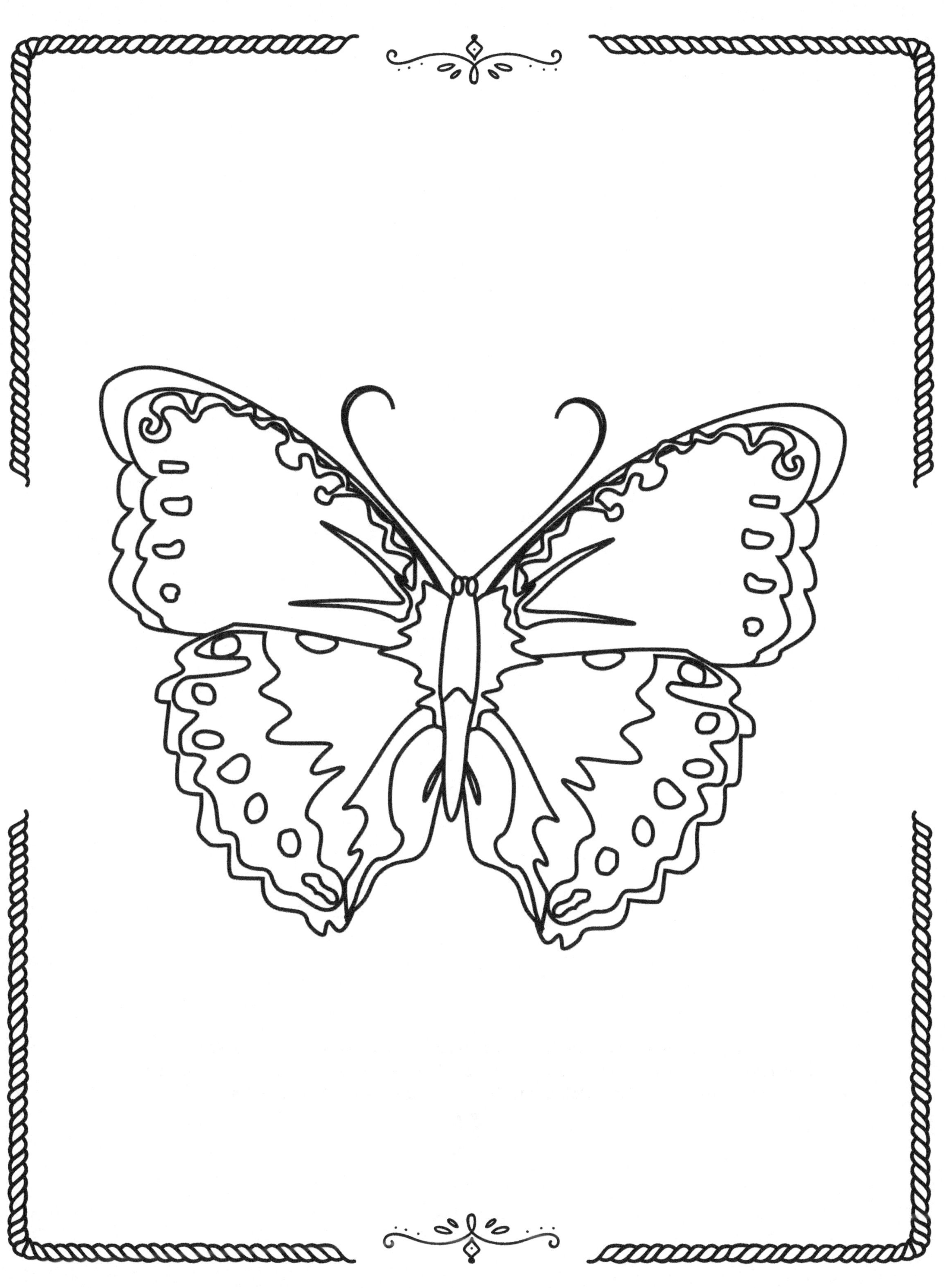

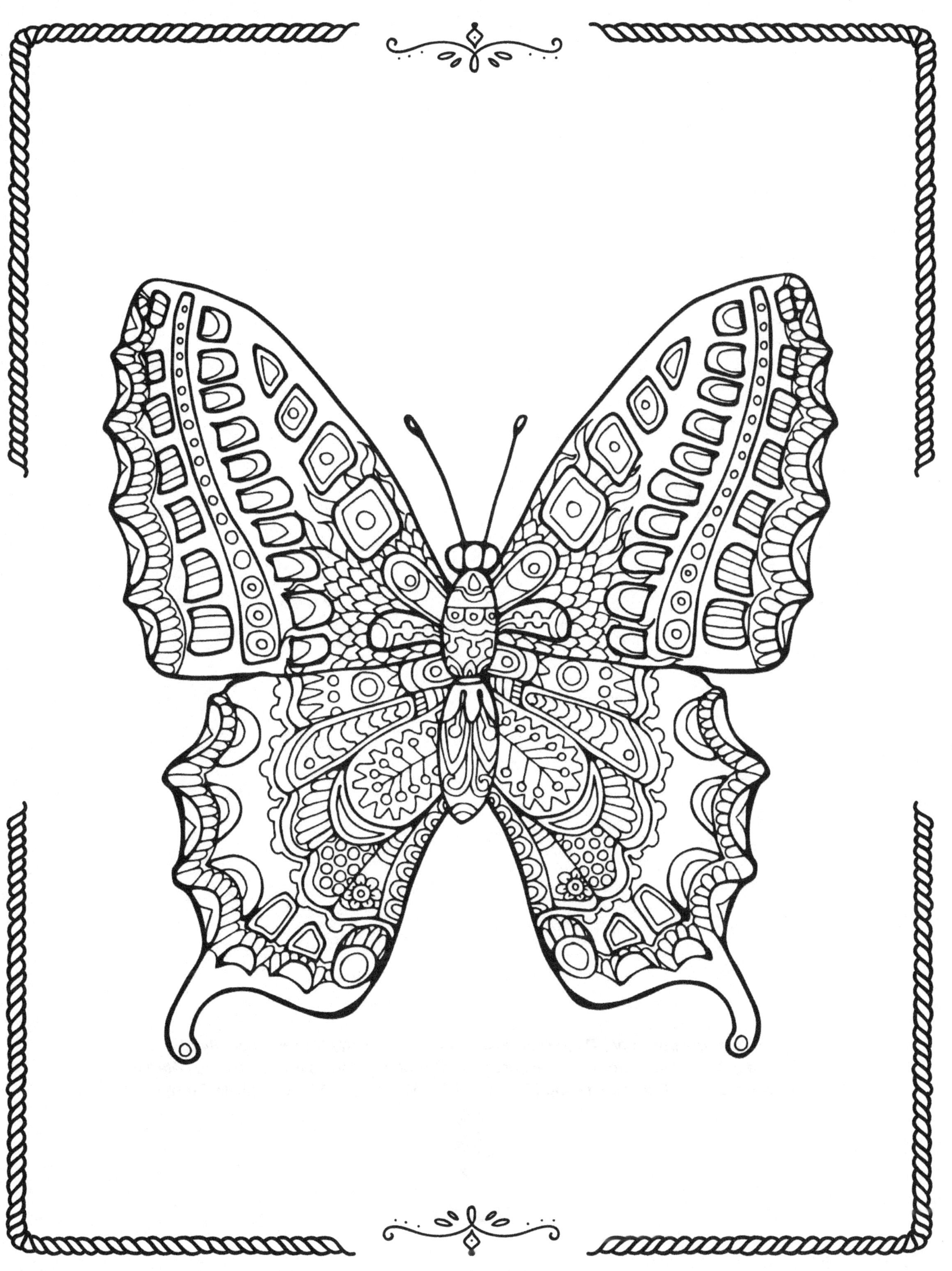

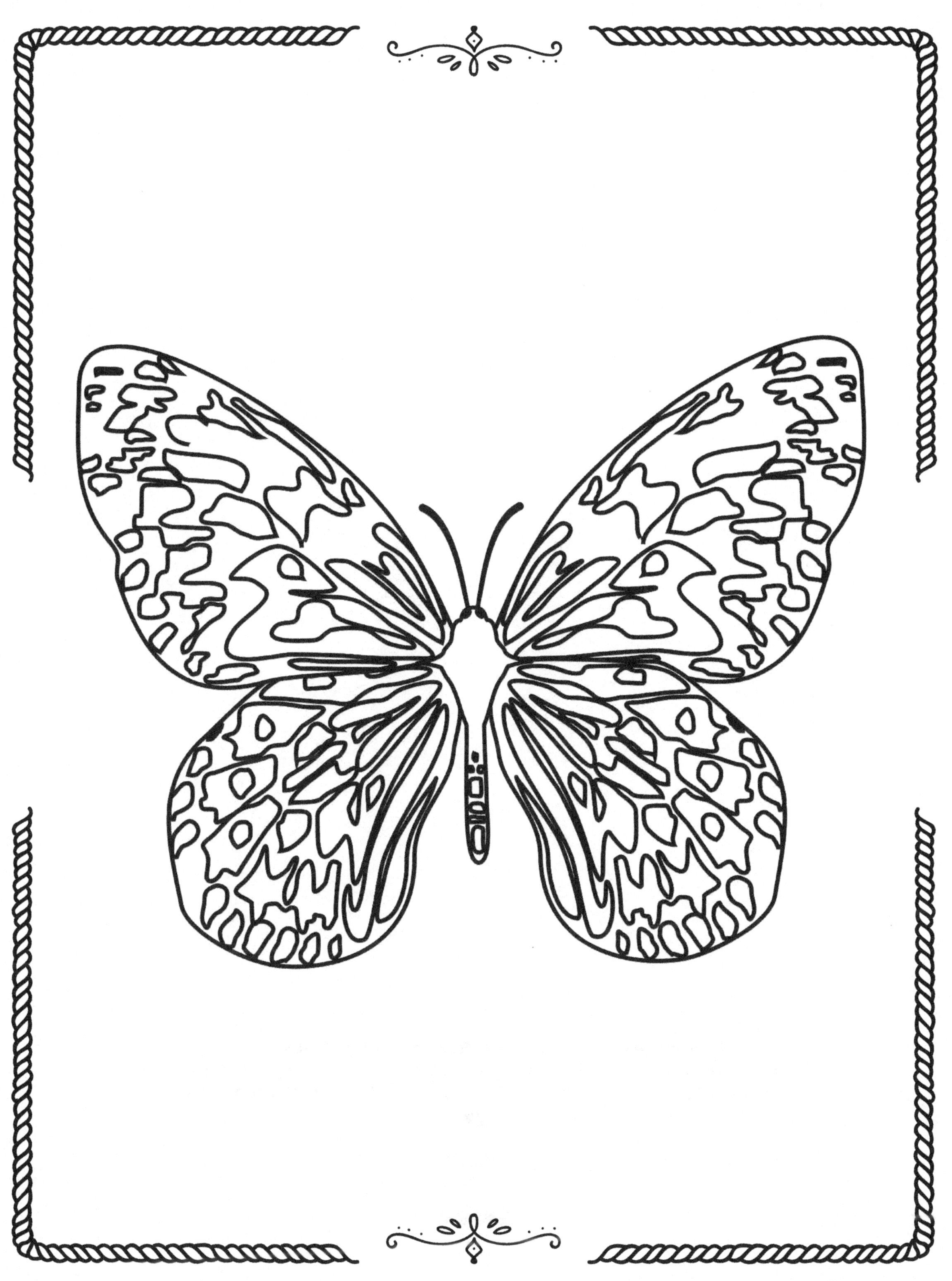

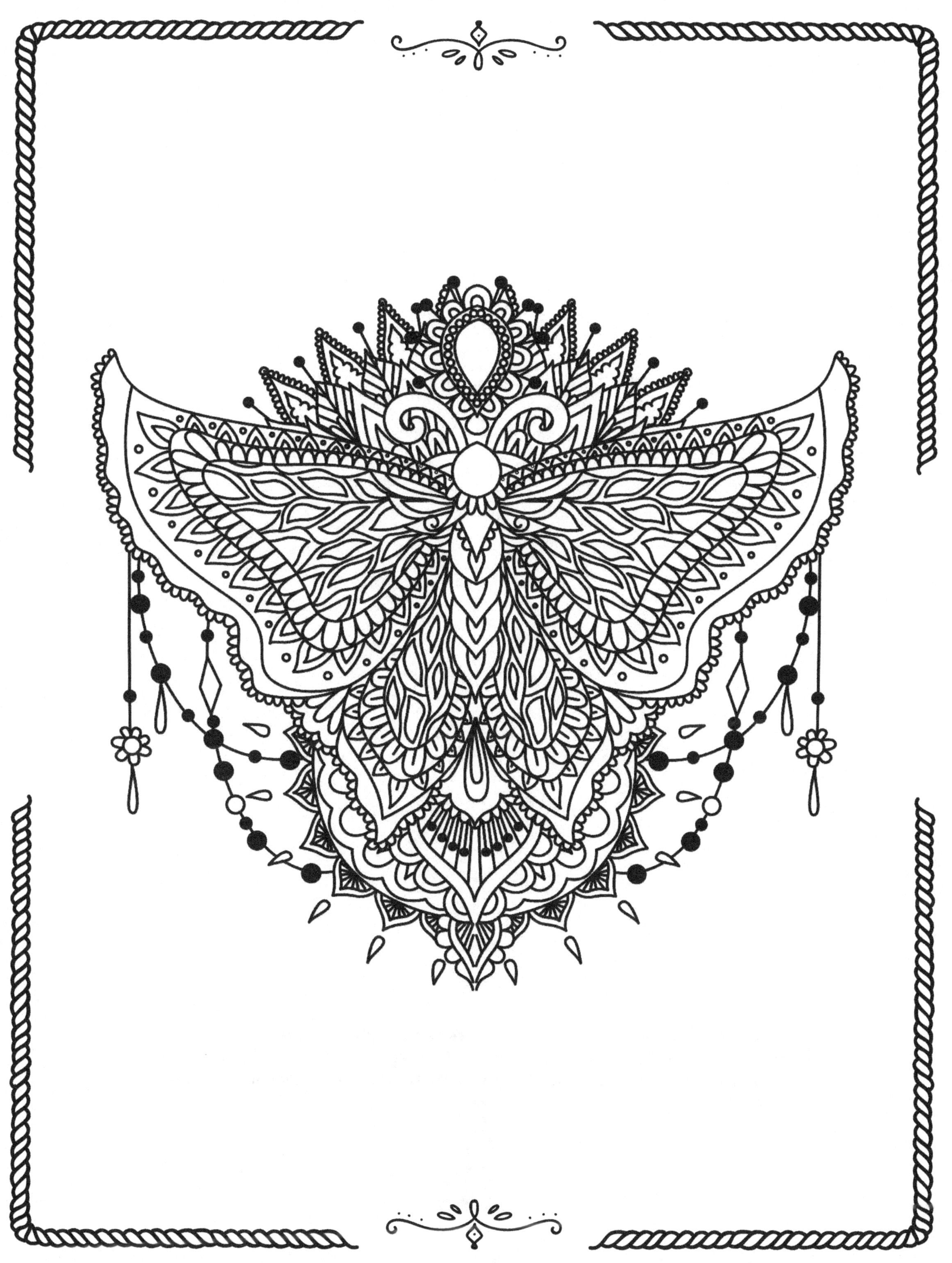

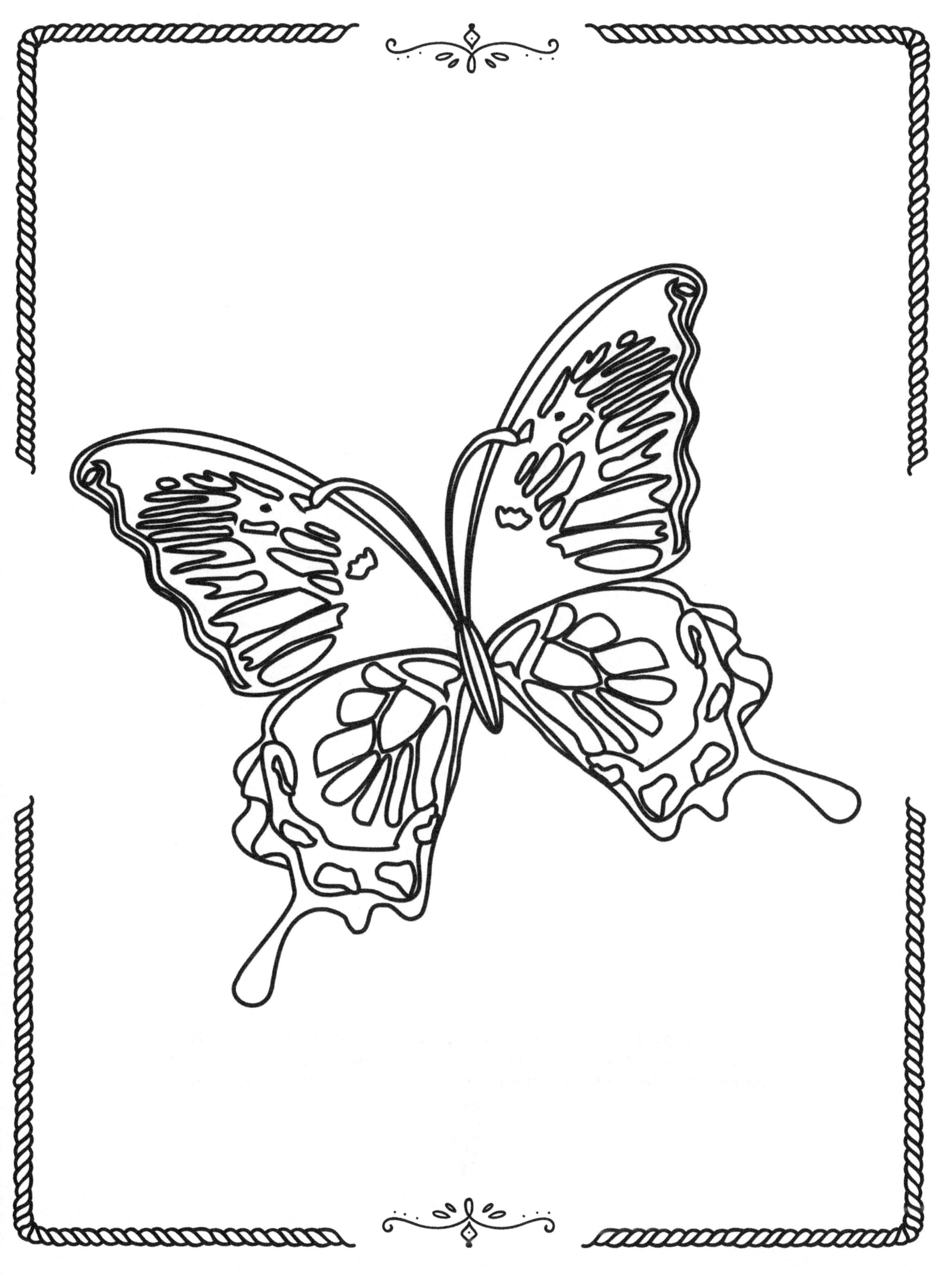

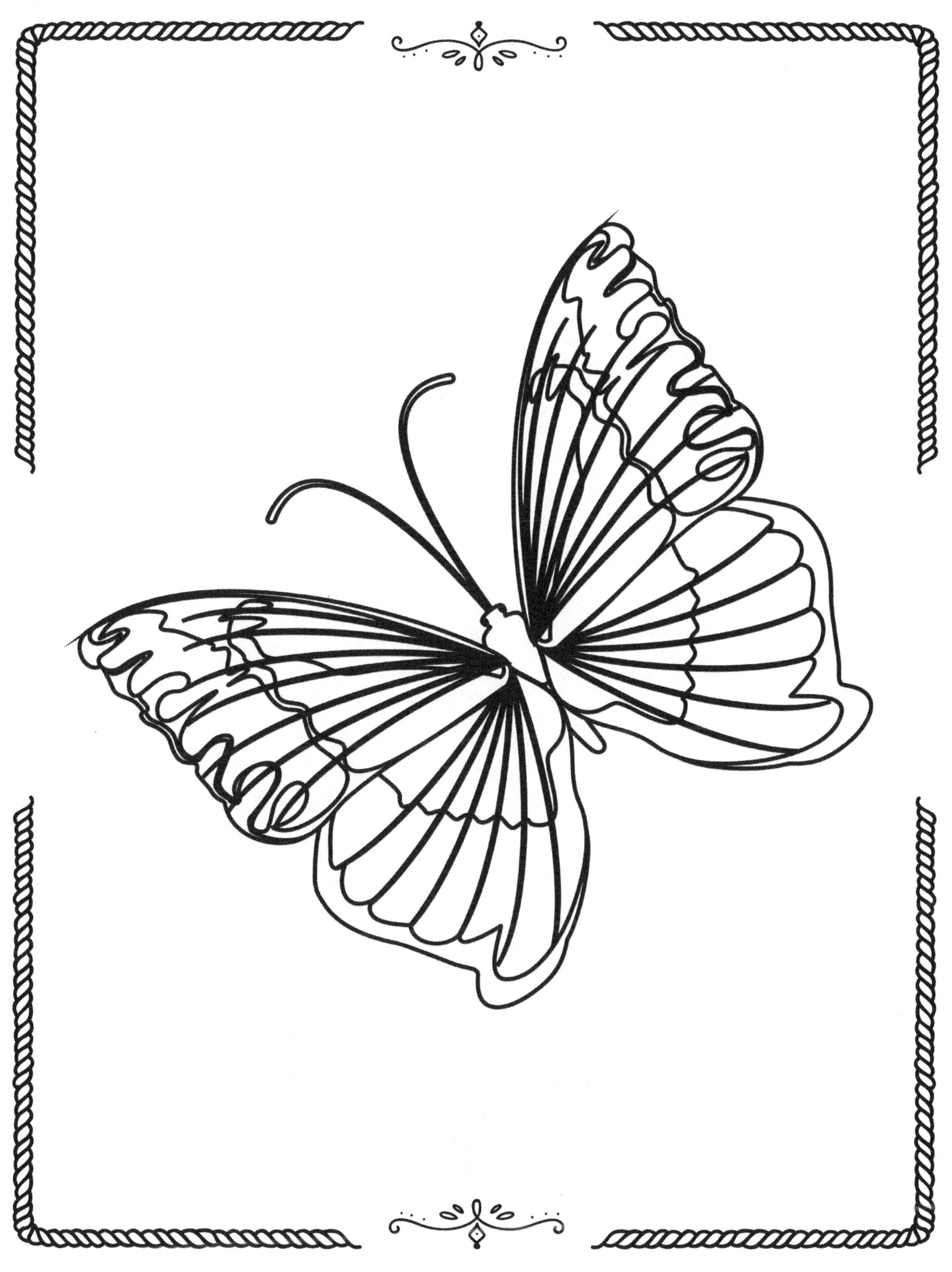

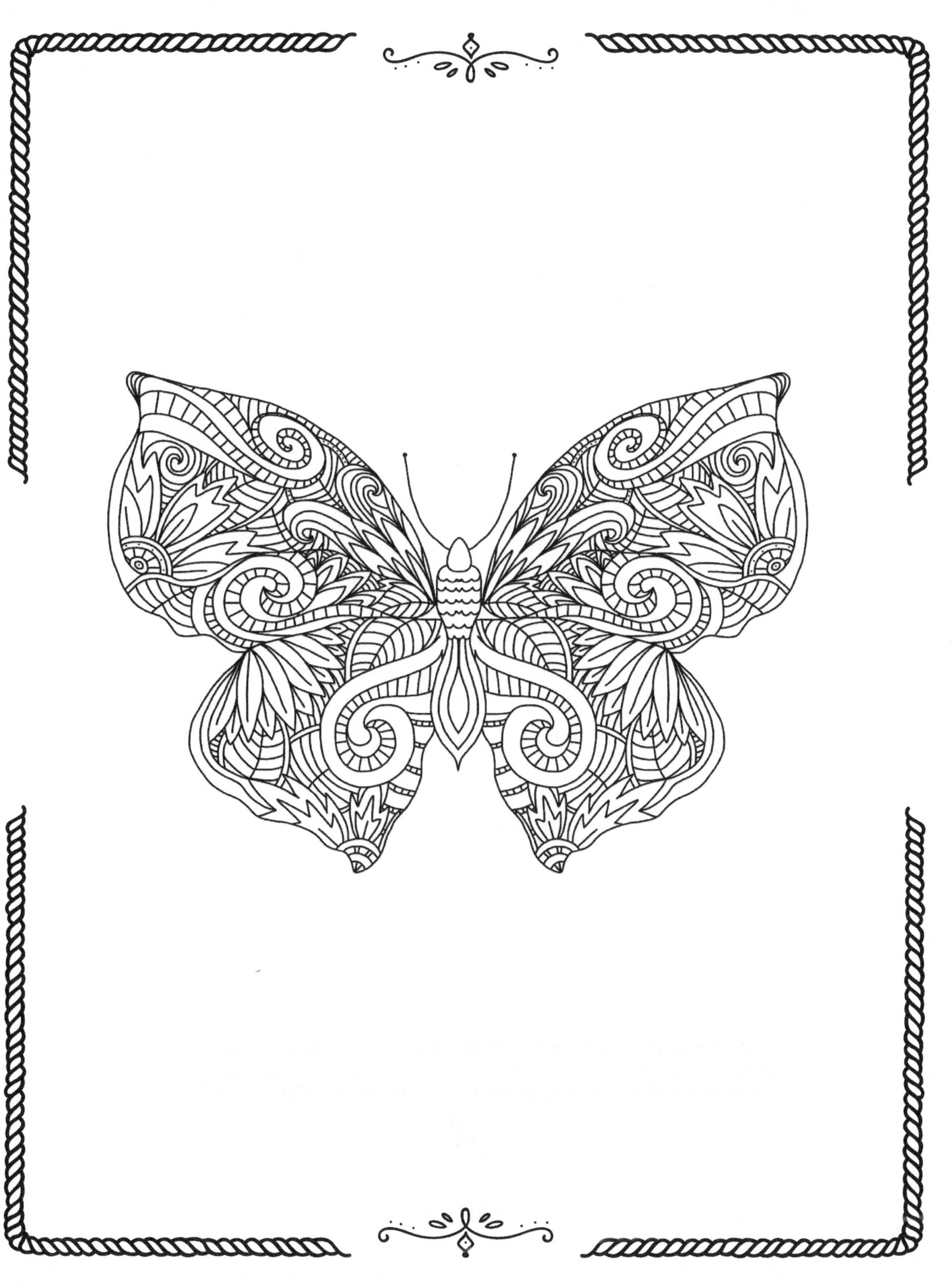

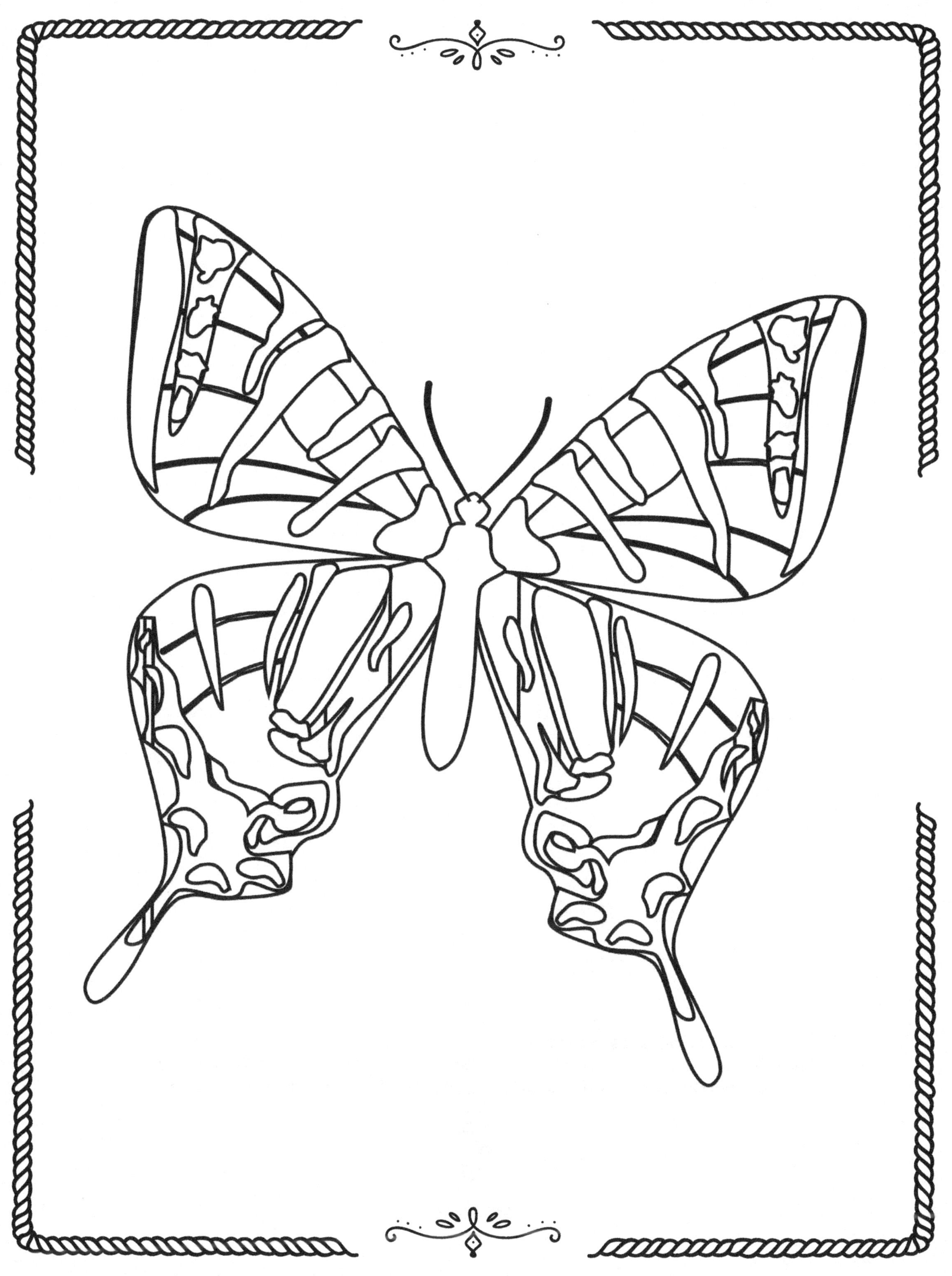

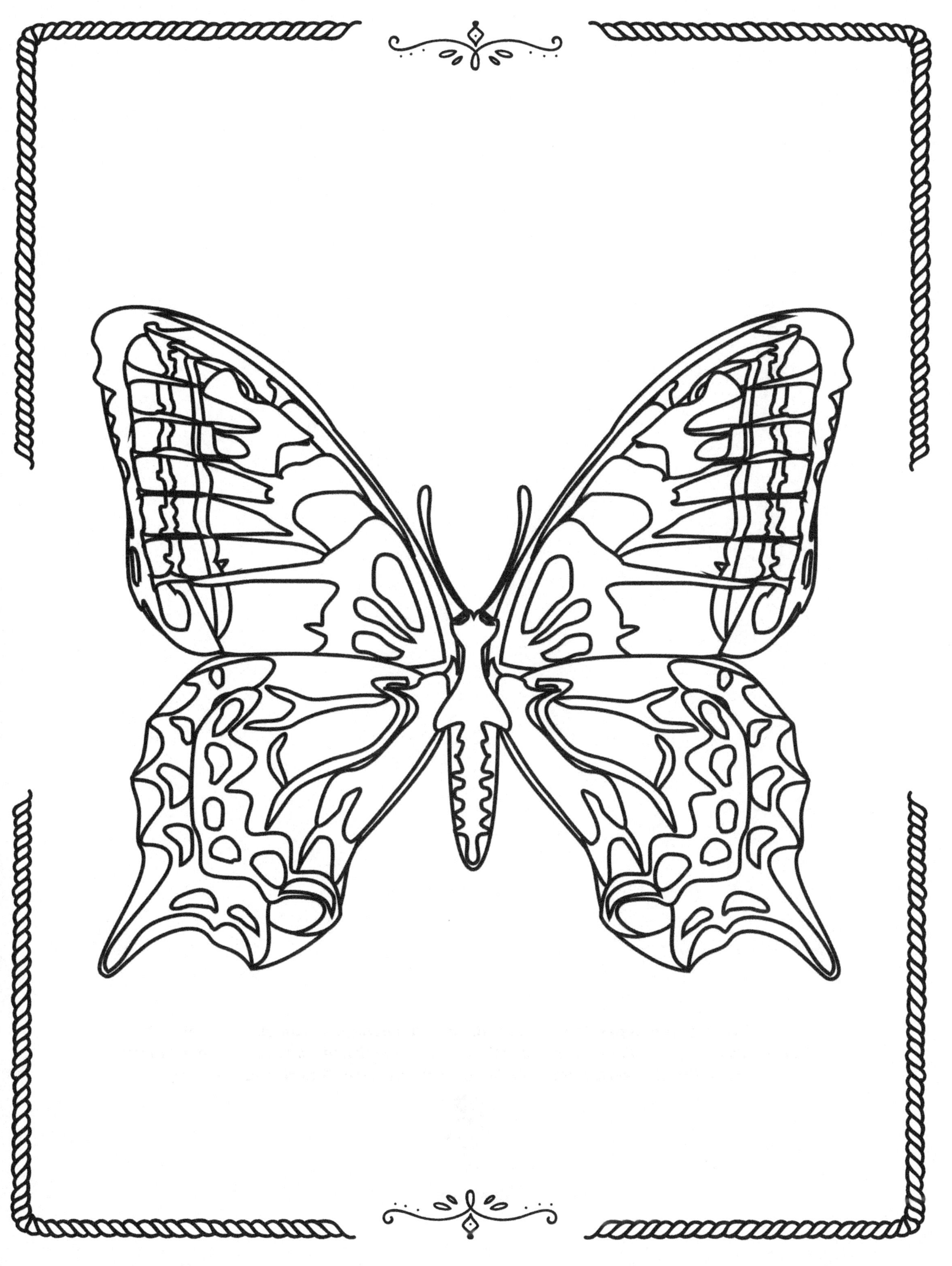

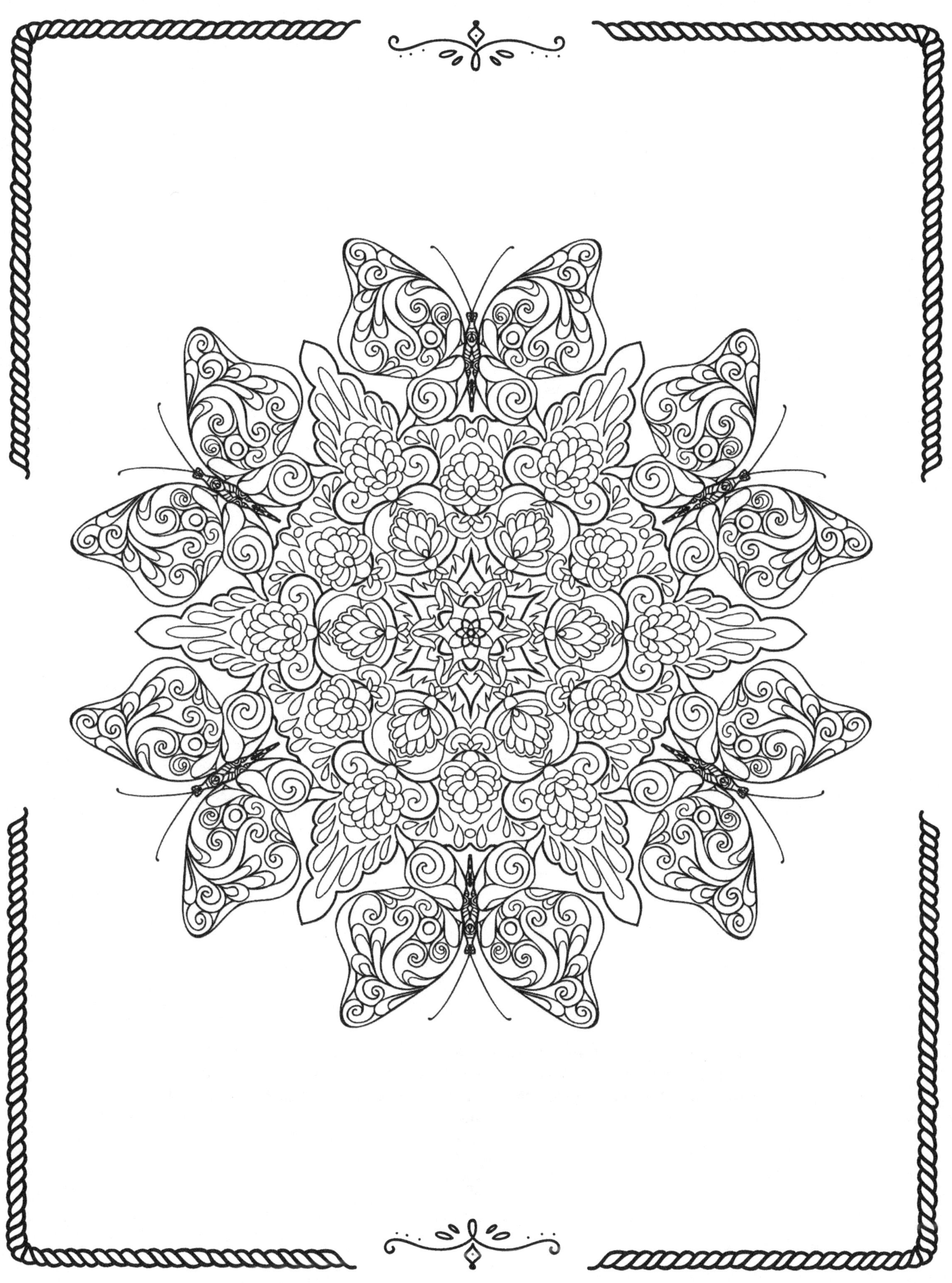

Made in the USA
Monee, IL
07 July 2026

56547093R00037